Ne mourrons pas en pet, d'aucuns
s'aviseraient bien de nous le reprocher !
Eve Zibelyne

La pitié est comme une flatulence. On
tolère la sienne, mais on ne supporte pas
celle des autres.
Jonathan Tropper

Une sonore flatulence émise sur la voie
publique console de ne pas posséder de moto.
Philippe Bouvard

<u>Avertissement</u> : L'agenda est livré à votre imagination pour en parfaire les pages et créer à l'envi (de péter) !

- L'agenda du Père Pet Tue… « Elle » est comme son nom l'indique, perpétuel… Vous l'auriez deviné ? Autant pour moi !

- Vous pouvez l'offrir aux amateurs du genre, à l'occasion des enterrements de vie de jeune fille ou d'un mariage, car la jeune vierge effarouchée, s'il en reste… ne sait pas encore de quoi la vie est faite…

Agenda du Père Pet
Tue ...« Elle »

et ses
Contes de Pet Rot
par Eve Zibelyne

- Édition : BoD™ - Books on Demand, 12/14 rond-point des Champs Elysées, 75008 Paris, France.
- Imprimé par BoD™ - Books on Demand GmbH, Norderstedt, Allemagne.
- ISBN : 9782810626298
- Dépôt légal : Novembre 2012
- Images de couverture : Eve Zibelyne
- © 2012 Auteur Eve Zibelyne

JANVIER

- Le Pétard

- Il porte bien son nom. Tardif de fin de soirée, plutôt masculin, c'est le coucher du bedon qui le provoque. L'homme étalant sa bedaine, éparpille en sa panse une nuée de bulles qui ne demandent qu'à exister au-dehors.

- Et on assiste au ballet des prrr, prrrttt, prrouttttt en un crescendo furieux pour finir sur une salve d'artificiers qui fait trembler de honte la table de nuit, et fuir l'épouse ulcérée.

- Sauf si, bien sûr, elle se pique au jeu et riposte d'une attaque sournoise maléfiquement silencieuse...

1er janvier

....
....
....
....
....

JANVIER

2 janvier

....
....
....
....
....

3 janvier

....
....
....
....
....

4 janvier

....
....
....
....
....

5 janvier

....
....
....
....
....

JANVIER

6 janvier

....
....
....
....
....

7 janvier

....
....
....
....
....

8 janvier

....
....
....
....
....

9 janvier

....
....
....
....
....

JANVIER

10 janvier

....
....
....
....
....

11 janvier

....
....
....
....
....

12 janvier

....
....
....
....
....

13 janvier

....
....
....
....
....

JANVIER

- Le **PVC**

- Ancien d'Indochine, le **PVC** s'est fait refaire la tuyauterie. Brûlé au piment tandis qu'il brûlait au Napalm, c'est peu dire qu'il a de la chance.
- Le **PVC** devenu inattaquable aux acides avale n'importe quoi et pète en enfer emportant les siens dans la jungle malodorante de ses sphincters usés par la trouille.
- Il en reste peu. Nous ne nous étendrons pas sur les avatars scabreux des déculottées de couches pour adultes.
- Une pensée émue pour le personnel des maisons de retraite...

14 janvier

....
....
....
....
....

JANVIER

15 janvier

....
....
....
....
....

16 janvier

....
....
....
....
....

17 janvier

....
....
....
....
....

18 janvier

....
....
....
....
....

JANVIER

19 janvier

....
....
....
....
....

20 janvier

....
....
....
....
....

21 janvier

....
....
....
....
....

22 janvier

....
....
....
....
....

JANVIER

23 janvier

....
....
....
....
....

24 janvier

....
....
....
....
....

25 janvier

....
....
....
....
....

26 janvier

....
....
....
....
....

JANVIER

27 janvier

....
....
....
....
....

28 janvier

....
....
....
....
....

29 janvier

....
....
....
....
....

30 janvier

....
....
....
....
....

JANVIER

- Le Pétôt

- Le Pétôt, chanté par Pierre Perret (les pets tôt, les lingots…) est plus franc du collier.
- Il survient au saut du lit pour les plus matinaux, aux premières agitations pour les amateurs du dessous de couette prolongé.
- Ce rustique croupier se permet sans ambages des contraltos oniriques, et de puissants trémolos réveillent la maisonnée en fanfare. Prrooouuuttttt routoutouttttt !

31 janvier

....
....
....
....
....

FÉVRIER

- Le Pémican
- Le Pémican est à la contrebasse ce que le flûtiau est à la flûte.
- Serré et fuselé, nourri au grain, il s'évade agile et suave en nuages légers.
- Sa fuite est silencieuse, mais son aura pernicieuse. Souple sur ses « moque à seins » (la femme), il vous encercle de ronds fumants pour vous faire choir de saisissement.
- Grande est la perversité olfactive de ce discret ! Le Pémican décoche ses flèches assassines et disparaît sans laisser de traces.

1er février

....
....
....
....
....

FÉVRIER

2 février

....
....
....
....
....

3 février

....
....
....
....
....

4 février

....
....
....
....
....

5 février

....
....
....
....
....

FÉVRIER

6 février
....
....
....
....
....

7 février
....
....
....
....
....

8 février
....
....
....
....
....

9 février
....
....
....
....
....

FÉVRIER

10 février

....
....
....
....
....

11 février

....
....
....
....
....

12 février

....
....
....
....
....

13 février

....
....
....
....
....

FÉVRIER

- Le Prouit

- Le Prouit est le propre du petit cul serré, féminin, bien sûr. Il fuse net et précis. Sa course est courte, pas de place pour les longueurs dans l'emploi du temps peau lissée* d'une femme active.

- La mangeuse de légumes prouite beaucoup, ou plutôt, souvent... La fréquence de tir est fonction de son activité physique. C'est elle qui conditionne la distribution du flux gazeux.

- Sans activité, la prouiteuse gonfle et devient prout prouteuse, ce qui est une autre histoire... les soirs de Saint-Valentin !

-

* Vous aurez compris tout seul ?

14 février

....
....
....
....
....

FÉVRIER

15 février

....
....
....
....
....

16 février

....
....
....
....
....

17 février

....
....
....
....
....

18 février

....
....
....
....
....

FÉVRIER

19 février

....
....
....
....
....

20 février

....
....
....
....
....

21 février

....
....
....
....
....

22 février

....
....
....
....
....

FÉVRIER

23 février

....
....
....
....
....

24 février

....
....
....
....
....

25 février

....
....
....
....
....

26 février

....
....
....
....
....

FÉVRIER

27 février

....
....
....
....
....

28 février

....
....
....
....
....

29 février *(de temps en temps)*

....
....
....
....
....

Hors catégorie

- <u>Le Pétochard</u>

- Un pet qui n'est pas prêt de disparaître. Cette contraction de pet et de clochard est à contre-emploi.

- Le pet de clochard fût un temps sévèrement réprimé. Les braves gens ne supportaient pas les effluves de poisson rance des résidents de dessous les ponts. Soit.

- Les clochards ont vu s'accroître leurs rangs, et les pétochards aussi.

- Les uns pètent dorénavant sans encourir l'ire de la maréchaussée et les autres, qui sont légion, ont appris à serrer les fesses durant le dernier quinquennat (2007-2012).

- L'ennuyeux, c'est qu'ils ne parviennent plus à les desserrer. Le Pétochard fait dans son froc en toutes circonstances. Pâlot de nature, il s'asphyxie de ses émanations pourrissantes de peur.

- Introverti, le Pétochard vous tire dans le dos. C'est lui qui vous regarde en biais dans le métro après avoir pété. Faux-cul, il se colle à vous mais ne lèvera pas le petit doigt pour vous aider.

- C'est celui que j'aime le moins et envers lequel je n'ai pas d'estime. Et vous ?

MARS

- La Madeleine de Prout
- Vous venez de subir une coloscopie et votre ventre ressemble à une chambre à gaz. Vous qui avez pris soin de laver votre fondement en interne, voilà qu'on vous insuffle on ne sait quoi pour prendre des photos de votre mignon petit intérieur.
- Si vous aviez su, vous n'auriez pas décroché les dives herticules qui meublaient avec élégance ce gros con de colon. Qu'importe, le mal est fait !
- Les polypes ont déménagé en pestant contre les nettoyeurs, mais la madeleine offerte au réveil se retrouve seule, isolée, prise entre deux fesses dans un sillage prout proutant cacophonique.
- La Madeleine est prise pour cible, gazée sans vergogne et écharpée comme si ce colon avait connu les pires disettes. Tenez-vous le pour dit, la Madeleine de Prout, c'est tout un poèttt !

1er mars

....
....
....
....
....

MARS

2 mars

....
....
....
....
....

3 mars

....
....
....
....
....

4 mars

....
....
....
....
....

5 mars

....
....
....
....
....

MARS

6 mars

....
....
....
....
....
....

7 mars

....
....
....
....
....
....

8 mars

....
....
....
....
....
....

9 mars

....
....
....
....
....

MARS

10 mars

....
....
....
....
....

11 mars

....
....
....
....
....

12 mars

....
....
....
....
....

13 mars

....
....
....
....
....

MARS

- Le Pérou
- Le pet roux est acide. Pur produit d'une conjonction hasardeuse entre poil et peau, il ne répond à aucun des critères convenus. Ses origines seraient Irlandaises, mais il ne gigue pas, alors… Acide, il dispense ses effluves comme bon lui semble et pétarade à l'envie, profitant de la réputation d'innocence qui lui est faite, « Ce n'est pas le Pérou » ! Déconsidéré de ne pas être, il flatule en bulles et éclot en taches de rousseur sur les fonds de culotte (pour les fonds baptismaux, c'est la couche qui écope). Agile, il pratique sans peine l'escalade de la cordillère vertébrale si on tente de le museler. Vainqueur, il plante sa marque à rebrousse-poil (de carotte) et monte plutôt que de descendre. C'est cavalier, convenons-en !

14 mars

....
....
....
....
....

MARS

15 mars

....
....
....
....
....

16 mars

....
....
....
....
....

17 mars

....
....
....
....
....

18 mars

....
....
....
....
....

MARS

19 mars

....
....
....
....
....

20 mars

....
....
....
....
....

21 mars

....
....
....
....
....

22 mars

....
....
....
....
....

MARS

23 mars

....
....
....
....
....

24 mars

....
....
....
....
....

25 mars

....
....
....
....
....

26 mars

....
....
....
....
....

MARS

27 mars

....
....
....
....
....

28 mars

....
....
....
....
....

29 mars

....
....
....
....
....

30 mars

....
....
....
....
....

MARS

- La Prout prouteuse
- C'est une mollassonne statique. Ce qui la caractérise visuellement, c'est son empâtement abdominal qui affiche d'emblée l'avertissement : « usine à gaz ».
- Que ce soit du fait de son indolence naturelle ou du vissage professionnel à la chaise, le résultat est le même.
- Les Prout prout se manifestent alors au rare du mouvement et leur résonnance ne peut être occultée.
- Retranchée dans son impossibilité d'exprimer ses flatulences, la Prout prouteuse ne manque pas une occasion pour s'isoler. De par cette quête permanente de paix pour péter, c'est une mauvaise travailleuse, perpétuellement dé-con-centrée par la gestion de ses flux propres (ou moins).

31 mars

....
....
....
....
....

AVRIL

- Le Pécolo
- Le Pécolo est à la mode. Les pécologues sont légion, mais peu sont sancerres. Le Pécolo a la sonorité rude et rocailleuse des moutons du Larzac quand ils sont happés par les serres d'un aigle. La faute à qui si le Pécolo a avalé la peau ?
- Celle du Pétard qui traînait dans un coin de la lande. Enfin, passons...
- Revenons-en à nos pets. Ceux-ci sont farouches. Nourris d'herbes fermentées, ce sont des bombes en puissance. Un Pécolo largué dans un wagon de métro équivaut à une attaque au gaz sarin et les Pécolos, comme les vaches, mettent en péril la couche d'ozone. D'où cet axiome « Qui pète dans le métro se prend un râteau » (Car Dieu furieux lui balance ce qu'il a sous la main)

1er avril *(passage de poissons)*

....
....
....
....
....

AVRIL

2 avril

....
....
....
....
....

3 avril

....
....
....
....
....

4 avril

....
....
....
....
....

5 avril

....
....
....
....
....

AVRIL

6 avril
....
....
....
....
....

7 avril
....
....
....
....
....

8 avril
....
....
....
....
....

9 avril

....
....
....
....
....

AVRIL

10 avril

....
....
....
....
....

11 avril

....
....
....
....
....

12 avril

....
....
....
....
....

13 avril

....
....
....
....
....

AVRIL

- Le Pet de Nonne
- Le Pet de Nonne aime à exulter ! S'il sait se contenir sur les fonds baptismaux, il se livre ensuite plus éclatant que jamais !
- Si le moine se nourrit de fromage, la nonne est légumière, friande d'ail et d'oignon qui éclatent en bulles sonores et putréfiantes (de poule).
- C'est pourquoi la vocation tend à disparaître, nombre de jeunes recrues ne résistant pas aux gaz dépérissent ou périssent, c'est selon.
- Mais être rappelée à Dieu sur un nuage, ça demande réflexion…
- Le Pet de Nonne est donc désormais classifié comme race en voie d'extinction.

14 avril

....
....
....
....
....

AVRIL

15 avril

....
....
....
....
....

16 avril

....
....
....
....
....

17 avril

....
....
....
....
....

18 avril

....
....
....
....
....

AVRIL

19 avril
....
....
....
....
....
....

20 avril
....
....
....
....
....
....

21 avril
....
....
....
....
....
....

22 avril

....
....
....
....
....
....

AVRIL

23 avril

....
....
....
....
....

24 avril

....
....
....
....
....

25 avril

....
....
....
....
....

26 avril

....
....
....
....
....

AVRIL

27 avril

....
....
....
....
....

28 avril

....
....
....
....
....

29 avril

....
....
....
....
....

30 avril

....
....
....
....
....

Hors catégorie

- Le Pékinois

-

- Ne vous enduisez pas d'erreur* ! Ce n'est pas un pet de chinois. Non ! Le Pékinois est un pet flouté, un pet qui vient du ras du sol, un pet de chien au nez écrasé…

- Il vient au moment où on ne s'y attend pas. Lorsque vous invitez des amis à déjeuner, le Pékinois ne loupe jamais son entrée.

- Une vieille odeur de vase, un relent de fosse septique, vous savez qu'il est présent.

- Il aime à s'exprimer sous la table à l'entrée pour vous mettre en appétit. Le malin a constaté qu'en procédant ainsi, on lui mettait à la cuisine un bon plat de viande pour l'occuper.

- Rarement bruyant, il est nauséabond et reste en bouche comme un roulé de pelle chargé de lendemain de fête.

- Il est à noter que le rot du Pékinois est impressionnant eut égard à sa taille. Ce remugle de bas-fonds se conjugue parfaitement à son pet pour un effet optimal.

- Vous avez des invités dont vous souhaitez vous débarrasser ? Invitez le Pékinois de vos voisins, ou laissez ce livre négligemment ouvert à cette page pour les dégoûter.

- * Pour vous apprendre qu'induire en erreur se dit aussi !

MAI

- Le Pénis

- Le pet à Nice est long le matin à la fraîche. C'est à ce moment qu'il convient de l'apprécier. Passé midi, le Pénis se recroqueville pour la sieste et ne reprend de la puissance qu'à l'heure du pastis.

- Puissance éphémère. Après le cinquième verre, il n'y a plus personne de sortable et il foire lamentablement en échappement libre.

- Prenez-le au printemps après ingestion de petits plats tendance aux fleurs de jasmin, sa fragrance inédite vous changera de l'anus. Oh pardon, de l'anis !

- L'hiver vous le nourrirez au fromage de Savoie, comme dirait l'ami Brice, ça farte !

1er mai

....
....
....
....
....

MAI

2 mai

....
....
....
....
....

3 mai

....
....
....
....
....

4 mai

....
....
....
....
....

5 mai

....
....
....
....
....

MAI

6 mai

....
....
....
....
....

7 mai

....
....
....
....
....

8 mai

....
....
....
....
....

9 mai

....
....
....
....
....

MAI

10 mai

....
....
....
....
....

11 mai

....
....
....
....
....

12 mai

....
....
....
....
....

13 mai

....
....
....
....
....

MAI

- Le Pet Silence

- Il doit son nom à la déformation d'un autre. Pestilence !

- Lorsqu'on l'a en bouche, on avale le mot pour mieux l'oublier… Plutôt fumé, ou fumier… c'est celui des constipés qui proteste lorsqu'on leur tape la bedaine (seul remède pour mettre un constipé à la selle s'il n'a pas de cheval).

- Le Pet Silence porte bien mal son nom, car il pète sec et tonitruant. En fait, il n'a de silence que quand il reste bien en place au chaud de son boyau !

14 mai

....
....
....
....
....

MAI

15 mai

....
....
....
....
....

16 mai

....
....
....
....
....

17 mai

....
....
....
....
....

18 mai

....
....
....
....
....

MAI

19 mai

....
....
....
....
....

20 mai

....
....
....
....
....

21 mai

....
....
....
....
....

22 mai

....
....
....
....
....

MAI

23 mai

....
....
....
....
....

24 mai

....
....
....
....
....

25 mai

....
....
....
....
....

26 mai

....
....
....
....
....

MAI

27 mai

....
....
....
....
....

28 mai

....
....
....
....
....

29 mai

....
....
....
....
....

30 mai

....
....
....
....
....

MAI

- Le Pédezouille
- C'est le cousin du Péquenot ! Trivial par définition, il gargouille joyeusement et sans complexes avant d'éructer sonore et trompetant.
- Il faut dire que le Pédezouille joue souvent dans la fanfare municipale tandis que le Péquenot a plus tendance à léthargir* devant sa **TV**
- Le Pédezouille a le pet et le rot accordés au rythme de la grosse caisse.
- Le Péquenot a la flatulence accordée au rythme des buts marqués par l'équipe de France. Ses rots suivent la courbe ascendante d'absorption du pack de bière, ou si vous préférez la courbe descendante du niveau de la canette.
- * Si, ça existe depuis « le changement, c'est maintenant » ! Tu parles…

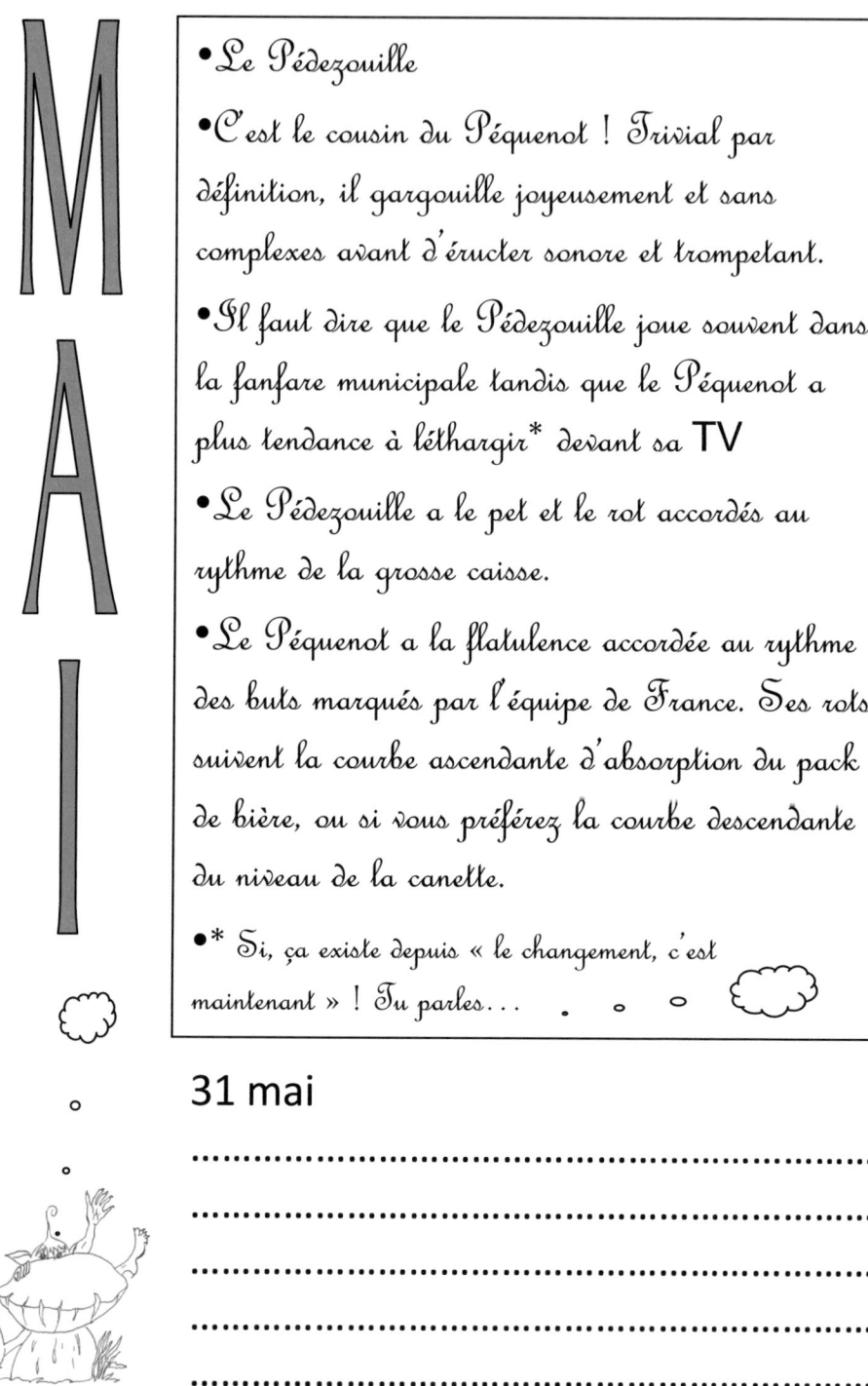

31 mai

....
....
....
....
....

JUIN

- Le Pétroleur
- Il conjugue en un mot les deux éructations. Toujours à l'heure, le Pétroleur n'a rien d'un bidon de carburant.
- C'est un pet de troll exact mal orthographié, voilà tout !
- Que dire du pet de troll ou de son rot ?
- Mieux vaut se taire et se boucher les narines. Si on en a la force morale, on peut se couper le nez et prendre la fuite (prendre une pince à linge pour qui veut conserver son nez pour se moucher).
- Certains disent que les trolls n'existent pas et que le Pétroleur serait un Pet de Roller.
- Fi ! Quel manque d'instruction ! Le Pétroleur régnait sur le monde bien avant que n'existent les rollers !

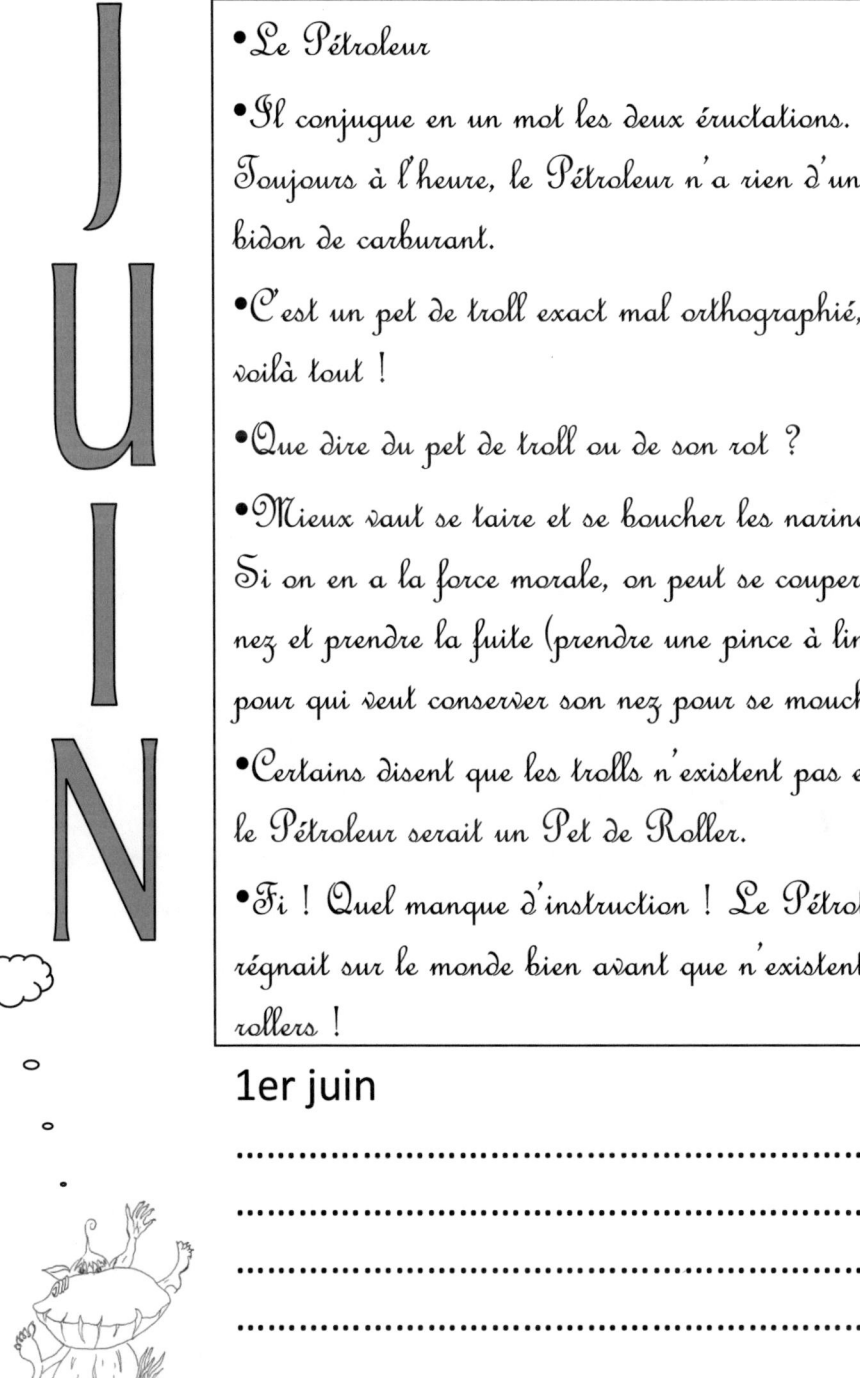

1er juin

....
....
....
....
....

JUIN

2 juin

....
....
....
....
....

3 juin

....
....
....
....
....

4 juin

....
....
....
....
....

5 juin

....
....
....
....
....

JUIN

6 juin
....
....
....
....
....

7 juin
....
....
....
....
....

8 juin
....
....
....
....
....

9 juin
....
....
....
....
....

JUIN

10 juin

....
....
....
....
....

11 juin

....
....
....
....
....

12 juin

....
....
....
....
....

13 juin

....
....
....
....
....

JUIN

- La Pétrisseuse
- La Pétrisseuse a plusieurs cordes à son boyau. Elle trisse et pétrit. Sa version masculine ne peut faire que l'un, ou l'autre, mais jamais les deux à la fois. La Pétrisseuse trisse dès l'alarme venue. Le pet en glissage furtif se faufile au-dehors avant que vous ayez eu le temps de le sentir. C'est une rapide, une efficace, qui gère ses pets à la demande. Elle pétrit du dedans, avec des roulés du ventral pour masser le bol alimentaire. Regardez-la au volant faire du roulé-boulé et vous comprendrez ! À vous de vous trisser au plus vite avant le lâché de pet imminent... Pour craintifs seulement. Gaie, car le ventre heureux, la Pétrisseuse ne fait pas d'accumulation et ses effluves sont sereins. Vous pouvez donc l'accompagner sans crainte, elle ne vous mettra pas la honte, elle.

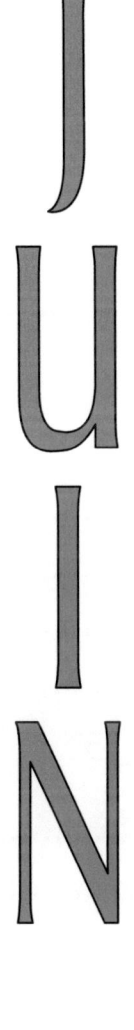

14 juin

....
....
....
....
....

JUIN

15 juin

....
....
....
....
....

16 juin

....
....
....
....
....

17 juin

....
....
....
....
....

18 juin

....
....
....
....
....

JUIN

19 juin

....
....
....
....
....

20 juin

....
....
....
....
....

21 juin

....
....
....
....
....

22 juin

....
....
....
....
....

JUIN

23 juin
....
....
....
....
....

24 juin
....
....
....
....
....

25 juin
....
....
....
....
....

26 juin
....
....
....
....
....

JUIN

27 juin

....
....
....
....
....

28 juin

....
....
....
....
....

29 juin

....
....
....
....
....

30 juin

....
....
....
....
....

Qui craint son derrière renifle en arrière
  Eve Zibelyne

- *À vos crayons de couleur....*

JUILLET

- Le Pétomane

- Ah, le plus auguste d'entre tous ! Le pète aux mânes de nos ancêtres vous porte aux nues en musique. Il répertorie tout le terroir et use de tous les artifices pour vous faire rire.
- Décomplexé, il reste néanmoins inodore, soumis à une rigueur toute professionnelle qui l'honore.
- La richesse de son vocable est inégalée. Très recherché, le Pétomane souffre d'un manque de reconnaissance certain d'une société salace à ces heures, mais égoïste.

1er juillet

....
....
....
....
....

JUILLET

2 juillet

....
....
....
....
....

3 juillet

....
....
....
....
....

4 juillet

....
....
....
....
....

5 juillet

....
....
....
....
....

JUILLET

6 juillet

....
....
....
....
....

7 juillet

....
....
....
....
....

8 juillet

....
....
....
....
....

9 juillet

....
....
....
....
....

JUILLET

10 juillet

....
....
....
....
....

11 juillet

....
....
....
....
....

12 juillet

....
....
....
....
....

13 juillet

....
....
....
....
....

JUILLET

- Le Peccadille

- Son origine reste inconnue. D'aucuns ont voulu le rapprocher du quadrille, mais rien de moins probant comme hypothèse. Péter à quatre est convivial, mais incongru.
- Le Pet qu'à dit ? Allez savoir…
- Cet infirme, et non infime ne tire pas à conséquence. Si vous en savez plus, merci de communiquer vos avis étayés à l'auteur.

14 juillet

....
....
....
....
....

JUILLET

15 juillet

....
....
....
....
....

16 juillet

....
....
....
....
....

17 juillet

....
....
....
....

18 juillet

....
....
....
....
....

JUILLET

19 juillet
....
....
....
....
....

20 juillet
....
....
....
....
....

21 juillet . . ○ ☁
....
....
....
....
....

22 juillet
....
....
....
....
....

JUILLET

23 juillet

....
....
....
....
....

24 juillet

....
....
....
....
....

25 juillet

....
....
....
....

26 juillet

....
....
....
....

JUILLET

27 juillet
....
....
....
....
....

28 juillet
....
....
....
....
....

29 juillet
....
....
....
....
....

30 juillet

....
....
....
....
....

JUILLET

- Le Pédale

- Vous m'en direz tant ! Ce n'est que celui de Béatrice et toute assimilation oiseuse et homophobe est proscrite.

- Mais ce peut être aussi, dans le sillage du Tour de France, ce drôle de tracé sur la peau de chamois. Empreinte fatale laissée par les efforts dans la grimpette du Col du Galibier.

- Délestages autorisés pour alléger le coureur, au pire, on lâche un pet ! ·

31 juillet

....
....
....
....
....

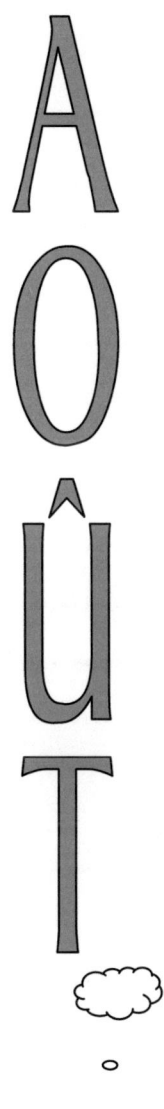

- Le Pébroc

- Tout un univers disparu, tout comme ce mot charmant. Singing in the rain… sous un Pébroc, nostalgie ! Le Pébroc a connu divers usages. Péter dans son broc est un circonstanciel de fortune. Péter dans son parapluie, dit Pébroc ? Inénarrable, mais on pète bien où l'on veut.

- L'avantage du parapluie est qu'une fois déplié, il ventile à tous les vents et se fait laver, le broc, point ! Il faut le faire, donc, à vos baleines ! Noter que le Président du changement c'est maintenant a résolu de ne pas l'utiliser. C'est donc un Péteux assumé qui ne se masque pas le pétard… Le précédent pétait si acide qu'il en avait des spasmes convulsifs. Le mal au cul tout de même…

1er août

....
....
....
....
....

AOÛT

2 août

....
....
....
....
....

3 août

....
....
....
....
....

4 août

....
....
....
....

5 août

....
....
....
....
....

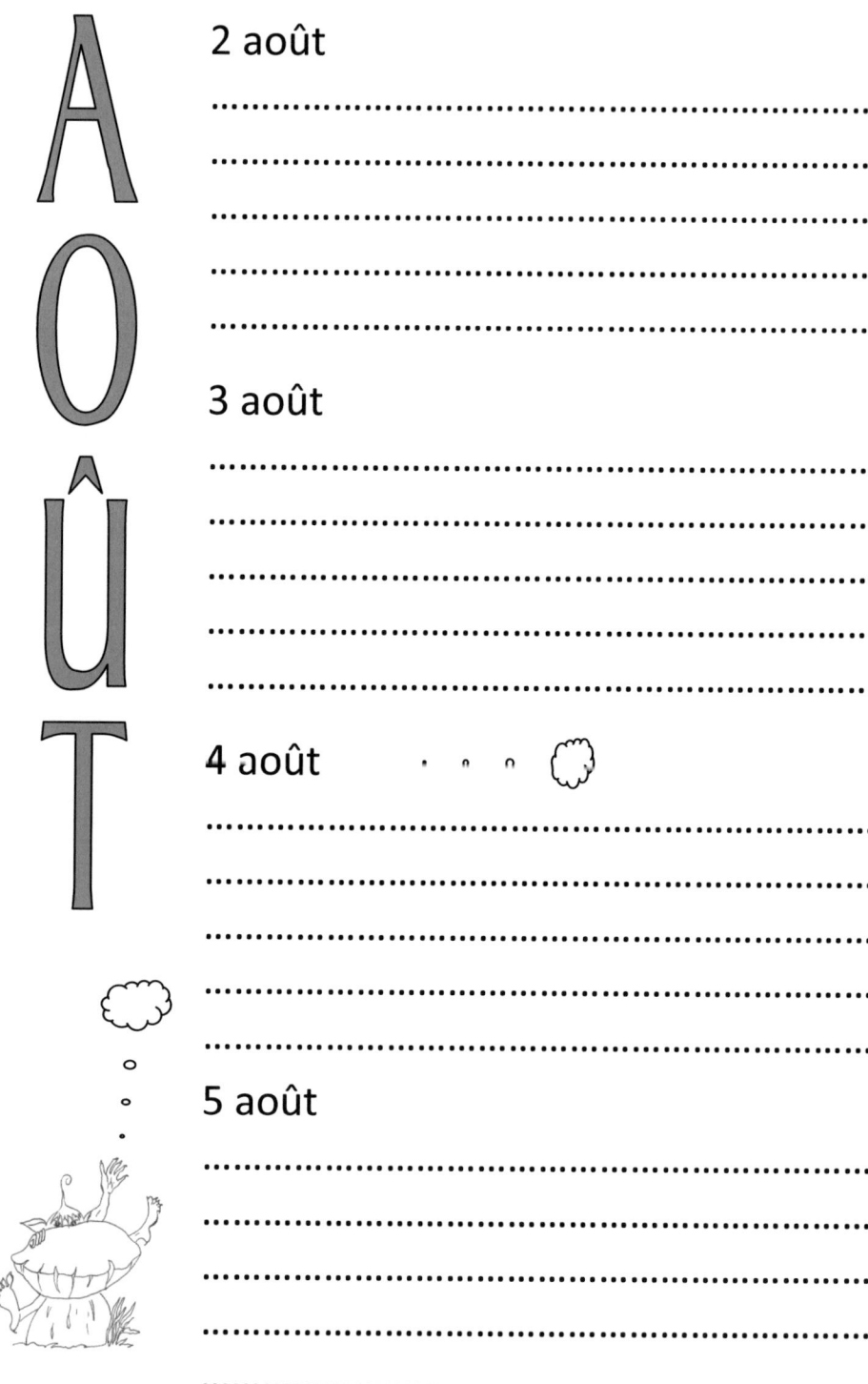

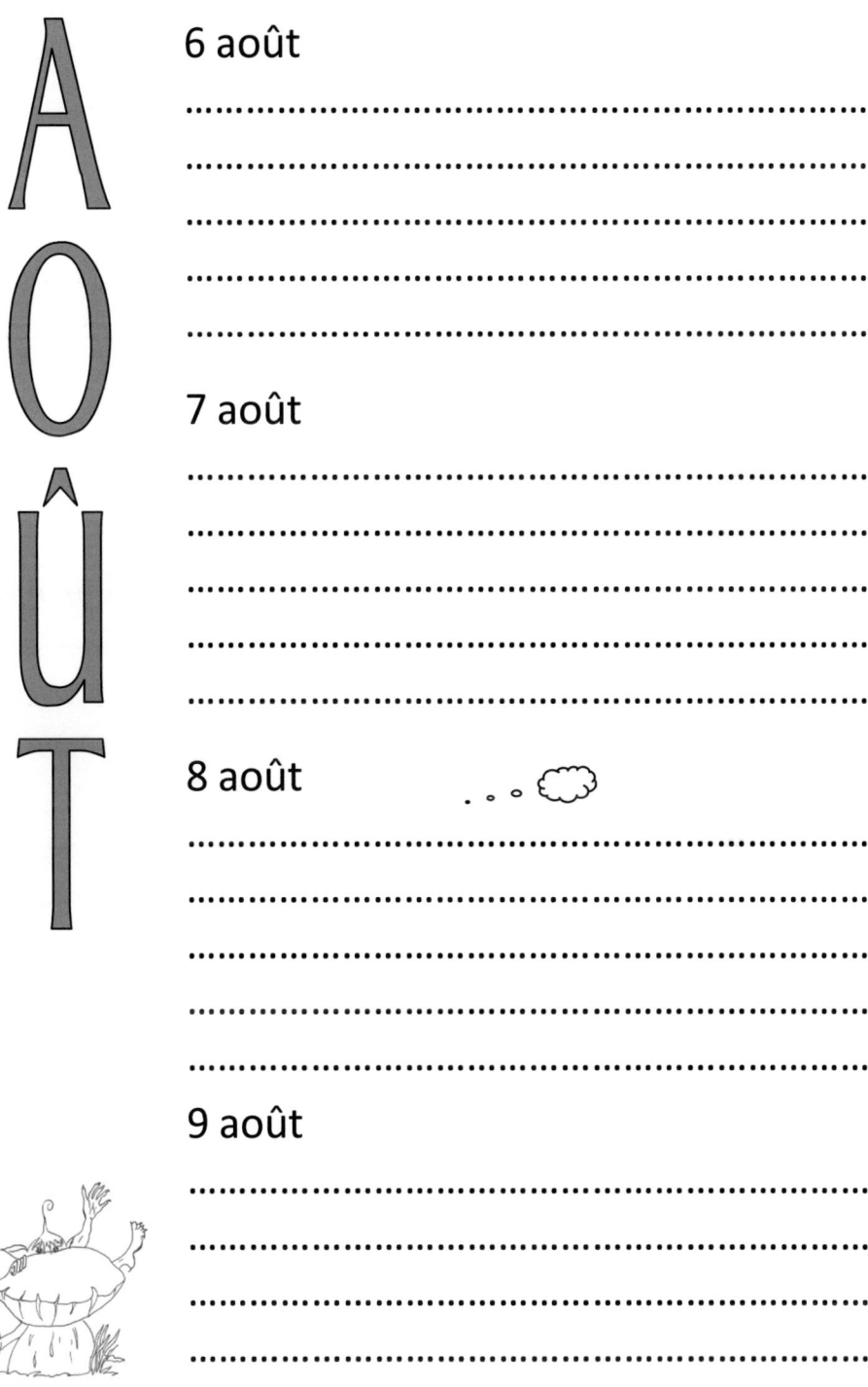

AOÛT

6 août

....
....
....
....
....

7 août

....
....
....
....
....

8 août

....
....
....
....
....

9 août

....
....
....
....
....

AOÛT

10 août

....
....
....
....
....

11 août

....
....
....
....
....

12 août

....
....
....
....
....

13 août

....
....
....
....
....

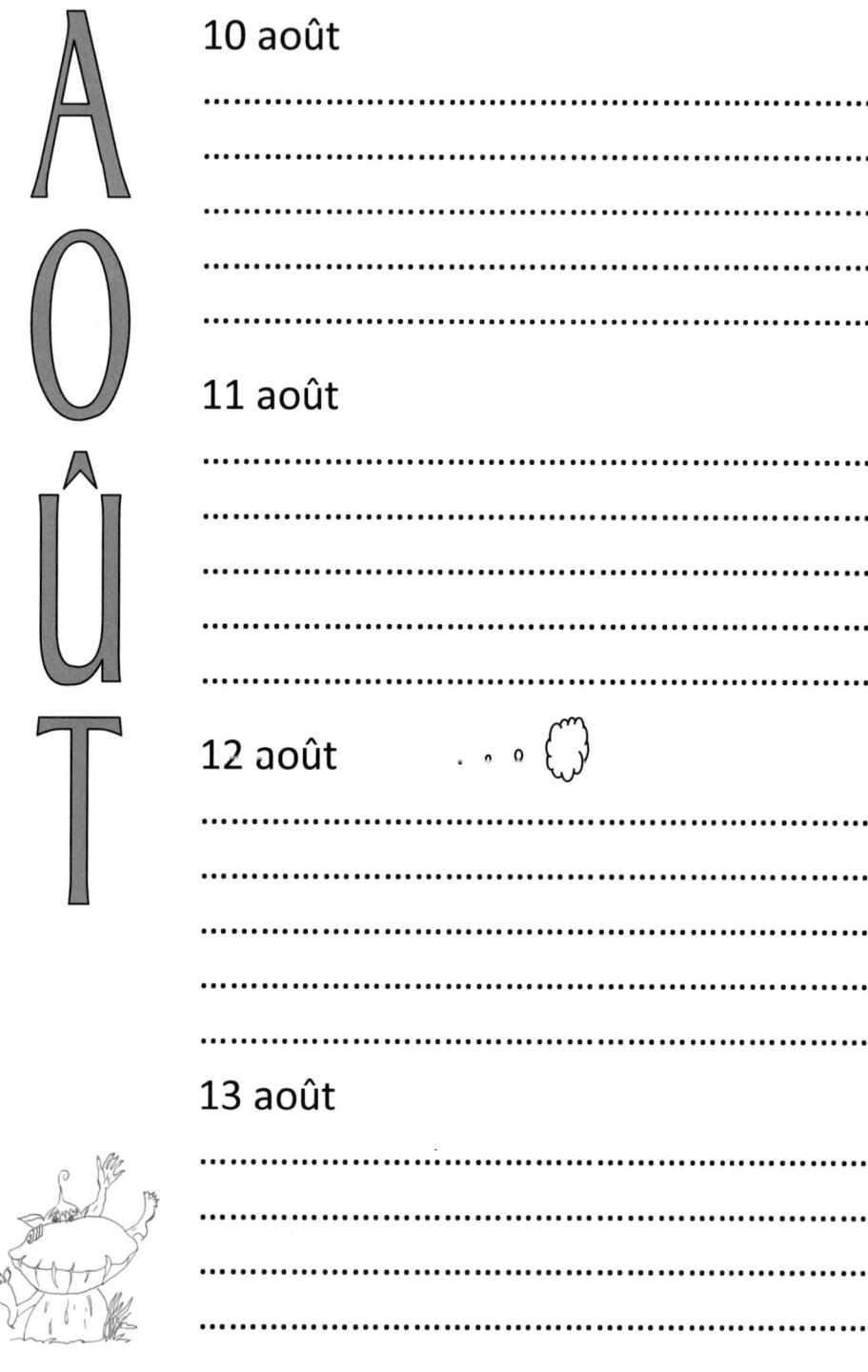

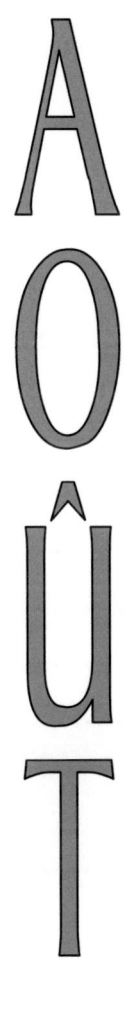

- Le Pédoncule

- Gros mot ? Oui, sans aucun doute.
- Onculé, va ! Disait ma grand-mère pour contourner l'obstacle.
- Oncule ta chèvre si t'as des bottes ! Clamait-elle à mon grand-père lorsqu'il serrait sa ceinture d'un cran. Le pauvre en pétait de dépit sous les quolibets.
- Péte onculé ! L'expression a donné Pédoncule, usité allez comprendre pourquoi chez les plus jolies fleurs. Le cœur en trou du cul ?
- N'allez pas croire qu'il faut des bottes pour les cueillir…

14 août

....
....
....
....
....

AOÛT

15 août

....
....
....
....
....

16 août

....
....
....
....
....

17 août

....
....
....
....
....

18 août

....
....
....
....
....

AOÛT

19 août

....
....
....
....
....

20 août

....
....
....
....
....

21 août

....
....
....
....
....

22 août

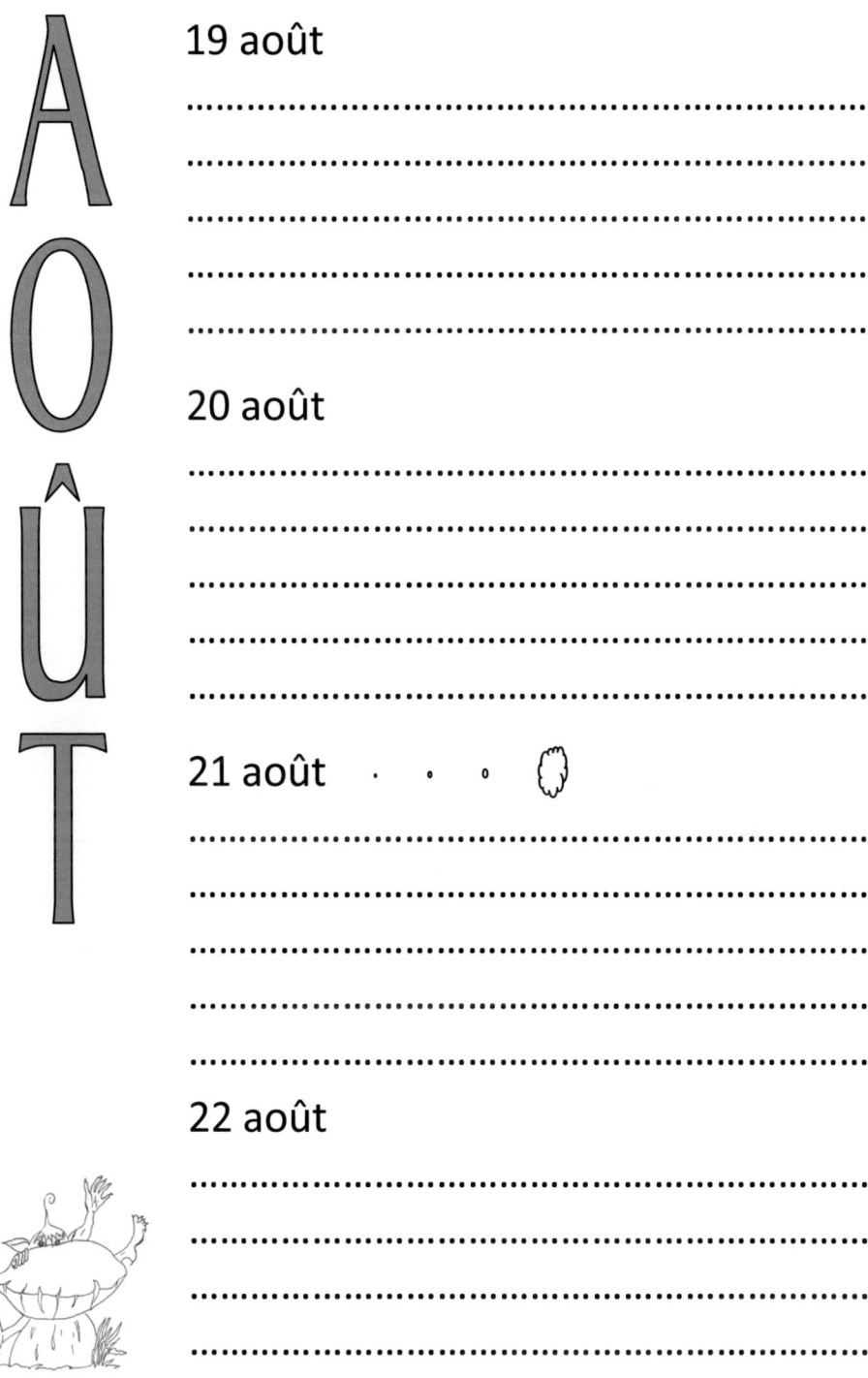

....
....
....
....
....

AOÛT

23 août

....
....
....
....
....

24 août

....
....
....
....
....

25 août

....
....
....
....
....

26 août

....
....
....
....
....

AOÛT

27 août

....
....
....
....
....

28 août

....
....
....
....
....

29 août

....
....
....
....
....

30 août

....
....
....
....
....

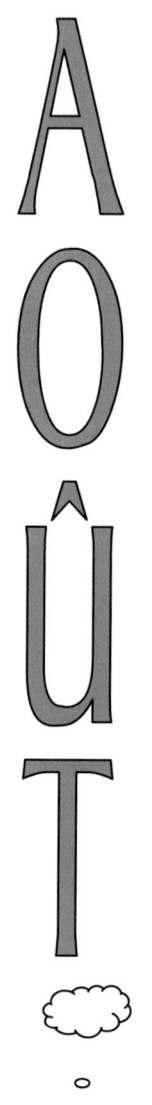

AOÛT

- Le Paypal

- Anglicisme. Le pet pâle est celui que chassaient les Indiens. D'où sa consonance avec une pointe de « i » sur le pet. Attrapé, le visage pâle devait « pay » de sa personne pour gagner sa survie. Il y eut bien quelques scalps, mais le viol consenti* était monnaie courante et les colons fauchés.

- De viol à vol, il n'y a pas loin, et Paypal est la version moderne du « donne-moi ton flouze où baisse ton froc ». Le pet a été oublié dans l'histoire, nous dirons qu'après avoir pay, le visage pâle n'osait plus loufer de crainte de se faire trouer le cul. L'auteur vous présente ses excuses pour la grossièreté de cette explication prosaïque.

* De con et senti, car ça fait mal au con

31 août

....
....
....
....
....

SEPTEMBRE

- Le Pétodrome

- Point n'est besoin de faire un dessein.
- Pour mieux l'apprécier, passez-y un soir de raclette ou de choucroute et inscrivez-vous pour le concours !
- Vous nous raconterez ensuite ?
- Je vous laisse une place à cet effet.

1er septembre

....
....
....
....
....

SEPTEMBRE

2 septembre

....
....
....
....
....

3 septembre

....
....
....
....
....

4 septembre

....
....
....
....
....

5 septembre

....
....
....
....
....

SEPTEMBRE

6 septembre

....
....
....
....
....

7 septembre

....
....
....
....
....

8 septembre

....
....
....
....
....

9 septembre

....
....
....
....
....

SEPTEMBRE

10 septembre

....
....
....
....
....

11 septembre

....
....
....
....
....

12 septembre

....
....
....
....
....

13 septembre

....
....
....
....
....

SEPTEMBRE

- Le Périlleux

- Tourangeau. Le Rilleux est le nom de charcuterie du fabricant de rillons.
- Le Périlleux mange gras et s'éponge le fondement sur le coton blanc de son kangourou épouvanté.
- Toujours à la limite du débordement, il mérite bien son nom et ne doit la décence de son expression qu'à la bonne santé de ses sphincters.
- Dans le cas contraire, la trace de pneu laisse place à la matière et il y a possibilité de refaire les peintures en brun.
- Du grand n'importe quoi !
- Vive les rillonneurs et les rilletteuses qui savent aussi péter sec !

14 septembre

....
....
....
....
....

SEPTEMBRE

15 septembre

....
....
....
....
....

16 septembre

....
....
....
....
....

17 septembre

....
....
....
....
....

18 septembre

....
....
....
....
....

SEPTEMBRE

19 septembre

....
....
....
....
....

20 septembre

....
....
....
....
....

21 septembre

....
....
....
....
....

22 septembre

....
....
....
....
....

SEPTEMBRE

23 septembre

....
....
....
....
....

24 septembre

....
....
....
....
....

25 septembre

....
....
....
....
....

26 septembre

....
....
....
....
....

SEPTEMBRE

27 septembre

....
....
....
....
....

28 septembre

....
....
....
....
....

29 septembre

....
....
....
....
....

30 septembre

....
....
....
....
....

Mieux vaut péter de concert que de péter au concert...
Eve Zibelyne

OCTOBRE

- Le Périphrase

- Beau parleur, il jase et jabote sans raison. Hâbleur, il aime enjoliver et périphraser en poët poët qu'il est.
- Souvent léger et de bonne facture, il vous égaye en bon camarade et d'un mot bien placé, donne à vos fluctuations intestinales une aura toute florale.
- Le Périphrase ponctue sa conversation de trilles de pipeau propres à épater la galerie.
- Adepte des plateaux télévisuels, le Beau Hâbleur Lubrique en est l'incarnation toute pétée.
- Il faut bien condescendre à le dire. La suffisance va souvent de pair avec le périphraseur...

1er octobre

....
....
....
....
....

OCTOBRE

2 octobre

....
....
....
....
....

3 octobre

....
....
....
....
....

4 octobre

....
....
....
....
....

5 octobre

....
....
....
....
....

OCTOBRE

6 octobre

....
....
....
....
....

7 octobre

....
....
....
....
....

8 octobre

....
....
....
....
....

9 octobre

....
....
....
....
....

OCTOBRE

10 octobre

....
....
....
....
....

11 octobre

....
....
....
....
....

12 octobre

....
....
....
....
....

13 octobre

....
....
....
....
....

OCTOBRE

- Le Pétoncle

- C'est pas celui d'ma tante, même si elle bâille de même.

- Toujours coquille ouverte, il bâille à marée basse et crache de petits pets salés* (mon oncle aime la saumure).

- Quand la mère monte, il se cache pour gicler en pet. Immortalisé par Tati au cinéma, « Mon Oncle » le Pétoncle est un sacré personnage.

- Il vit en société. Vous l'aurez remarqué à marée basse. Les odeurs putrescentes en remontées sableuses… C'est mon oncle…

*Et non : pré-salé, mot souvent employé à tort et à travers (de banc de sable)

14 octobre

....
....
....
....
....

OCTOBRE

15 octobre

....
....
....
....
....

16 octobre

....
....
....
....
....

17 octobre

....
....
....
....
....

18 octobre

....
....
....
....
....

OCTOBRE

19 octobre

....
....
....
....
....

20 octobre

....
....
....
....
....

21 octobre

....
....
....
....
....

22 octobre

....
....
....
....
....

OCTOBRE

23 octobre

....
....
....
....
....

24 octobre

....
....
....
....
....

25 octobre

....
....
....
....
....

26 octobre

....
....
....
....
....

OCTOBRE

27 octobre

....
....
....
....
....

28 octobre

....
....
....
....
....

29 octobre

....
....
....
....
....

30 octobre

....
....
....
....
....

OCTOBRE

- Le Perron

- Jovial et doux, c'est un petit gros rondouillard qui se cache derrière des dehors qui cachent ce qu'il y a dedans*.
- Il roule sur les chaises et glisse en bulles dans les pattes de pantalon.
- Rarement fin, c'est un graveleux assumé qui s'écrase sur les marches du perron.
- Un adepte : le Peroni, qui a la tête aussi grosse que ses fesses. Le Peroni pratique avec un art consommé le Perron et toutes ses déclinaisons sur les ondes, mais garde jalousement pour ses confrères le bénéfice de ses péroraisons…

*Hein, vous n'y avez compris que pouic ?

31 octobre

....
....
....
....
....

NOVEMBRE

- La Pétronille

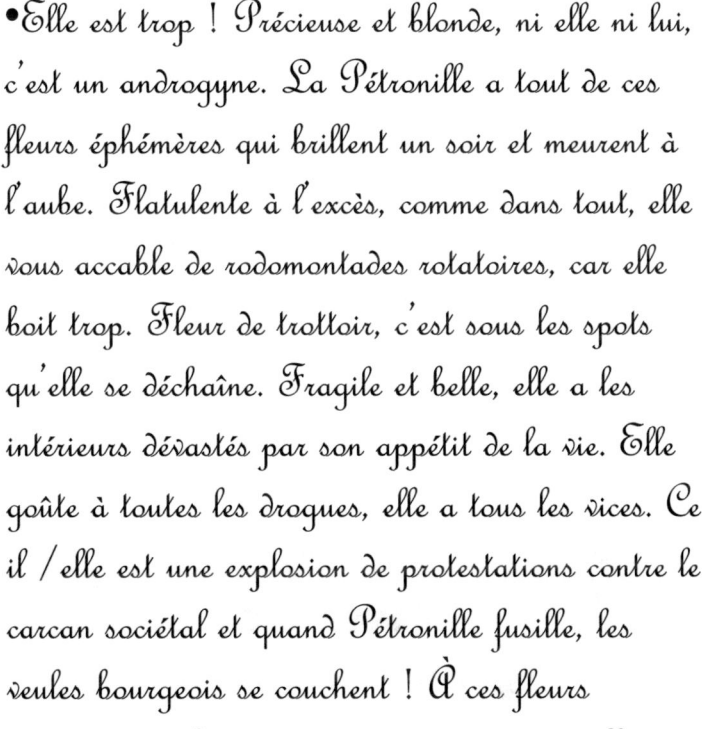

- Elle est trop ! Précieuse et blonde, ni elle ni lui, c'est un androgyne. La Pétronille a tout de ces fleurs éphémères qui brillent un soir et meurent à l'aube. Flatulente à l'excès, comme dans tout, elle vous accable de rodomontades rotatoires, car elle boit trop. Fleur de trottoir, c'est sous les spots qu'elle se déchaîne. Fragile et belle, elle a les intérieurs dévastés par son appétit de la vie. Elle goûte à toutes les drogues, elle a tous les vices. Ce il / elle est une explosion de protestations contre le carcan sociétal et quand Pétronille fusille, les veules bourgeois se couchent ! À ces fleurs précieuses de la contestation je dédie un ronflant pet d'honneur !

1er novembre

....
....
....
....
....

NOVEMBRE

2 novembre

....
....
....
....
....

3 novembre

....
....
....
....
....

4 novembre

....
....
....
....
....

5 novembre

....
....
....
....
....

NOVEMBRE

6 novembre

....
....
....
....
....

7 novembre

....
....
....
....
....

8 novembre

....
....
....
....
....

9 novembre

....
....
....
....
....

NOVEMBRE

10 novembre

....
....
....
....
....

11 novembre

....
....
....
....
....

12 novembre

....
....
....
....
....

13 novembre

....
....
....
....
....

NOVEMBRE

Le Pet Russe et le Rot tari...

Le Pétrus est un parvenu. Autant dire qu'il est arrivé... Longtemps contenu faute d'une alimentation riche en mets raffinés, le Pétrus a conquis ses lettres de noblesse par la ruse. Il y a perdu un « s » mais n'y a pas gagné en élégance. Foireux de première, il a beau se gorger de vin noble, racheter nos vignobles et figurer sur la liste des membres du Rotary, il reste un rustique inélégant.

L'aviné du trou du fût fait résonner le cuir vert des fauteuils en outre cuite dans son club et ne tarit pas de rots, contrairement aux usages de bienséance en vigueur. Pétrus reste un trou du cul.

14 novembre

....
....
....
....
....

NOVEMBRE

15 novembre

....
....
....
....
....

16 novembre

....
....
....
....
....

17 novembre

....
....
....
....
....

18 novembre

....
....
....
....
....

NOVEMBRE

19 novembre

....
....
....
....
....

20 novembre

....
....
....
....
....

21 novembre

....
....
....
....
....

22 novembre

....
....
....
....
....

NOVEMBRE

23 novembre

....
....
....
....
....

24 novembre

....
....
....
....
....

25 novembre

....
....
....
....
....

26 novembre

....
....
....
....
....

NOVEMBRE

27 novembre

....
....
....
....
....

28 novembre

....
....
....
....
....

29 novembre

....
....
....
....
....

30 novembre

....
....
....
....
....

Noël approche ! À vos crayons pour illuminer le sapin et dessiner les paquets !

DÉCEMBRE

- Le Pécule

- Encore un au nom prédestiné comme dirait ma grand-mère qui est partie avec le magot. Le radin préfère se peler le cul que de sortir un radis, qui, il est vrai, n'a rien à faire dans son cul. C'est bien sa seule excuse. Il pète en Juif, ce qui arrange tout le monde, et se réchauffe les mains à la chaleur de son pet, qu'il considère comme un investissement à rentabiliser. Qu'il se le garde, on n'en veut pas ! Le Pécule se rince à toutes les bourses. De ce fait, il pète beaucoup, car il se nourrit mal. N'entrez pas chez lui ! Il n'ouvre pas les fenêtres pour ne pas gaspiller le chauffage naturel. Restez au large s'il met le nez dehors, les odeurs, ça s'imprègne. C'est à son sujet qu'est née l'expression « Face de pet » !

1er décembre

....
....
....
....
....

DÉCEMBRE

2 décembre

....
....
....
....
....

3 décembre

....
....
....
....
....

4 décembre

....
....
....
....
....

5 décembre

....
....
....
....
....

DÉCEMBRE

6 décembre

....
....
....
....
....

7 décembre

....
....
....
....
....

8 décembre

....
....
....
....
....

9 décembre

....
....
....
....
....

DÉCEMBRE

10 décembre
....
....
....
....
....

11 décembre
....
....
....
....
....

12 décembre
....
....
....
....
....

13 décembre
....
....
....
....
....

DÉCEMBRE

Le Pet de Noël

C'est un pet d'importance également appelé le Père-Noël ! Il ne fuse qu'une fois l'an, en long ruban nuageux dans le ciel. Les enfants gazés dorment pendant que le Père-Noël officie en pet. Concentré, il se doit d'être silencieux ! Il est à répétition, se contenant de cheminée en cheminée. Il ne foire jamais, sauf exception pour ceux qui ne croient pas en lui. Là, le Pet de Noël se transforme en gazouillis*et hante les supermarchés en quête de tweetos.

*twittering

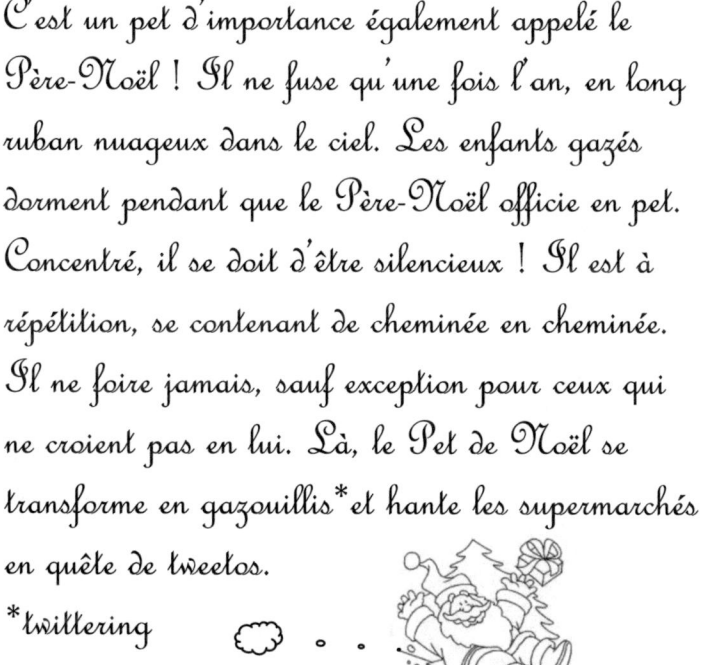

14 décembre

....
....
....
....
....

DÉCEMBRE

15 décembre

....
....
....
....
....

16 décembre

....
....
....
....
....

17 décembre

....
....
....
....
....

18 décembre

....
....
....
....
....

DÉCEMBRE

19 décembre

....
....
....
....
....

20 décembre

....
....
....
....
....

21 décembre

....
....
....
....
....

22 décembre

....
....
....
....
....

DÉCEMBRE

23 décembre

....
....
....
....
....

24 décembre

....
....
....
....
....

25 décembre

....
....
....
....
....

26 décembre

....
....
....
....
....

25 Décembre, c'est Noël !

- Donnez-moi des couleurs, je vous donnerai des cadeaux !

DÉCEMBRE

27 décembre

....
....
....
....
....

28 décembre

....
....
....
....
....

29 décembre

....
....
....
....
....

30 décembre

....
....
....
....
....

DÉCEMBRE

- Le Pétillant

- Du verbe bien connu « tiller », dérivé de « titiller », le Pet tillant crache en pets au tirant groupé. Proche du Pétilleur, c'est un fusilleur de calbut.

- Crachotant à l'ouverture, il s'épuise vite avant de devenir plat comme une mangouste écrasée*.

- Le Pétillant s'accompagne souvent de rototos aux vapeurs chargées de vignobles en fin de vendanges.

- Joyeux compagnon, il suscite l'hilarité générale et vous vaudra une indéfectible réputation de bon vivant !

*Inutile de chercher, il n'y a rien à comprendre...

31 décembre

....
....
....
....
....

Une page pour inscrire vos expériences ou les noms de vos péteurs favoris !

....
....
....
....
....
....
....
....
....
....
....
....
....
....
....
....

- Vous pouvez offrir cet agenda
  - en
    - dédicace
    - à celui
    - de vos amis
  - qui s'y reconnaîtra !...

  - Le lire et en rire,
  - car sans le rire,
  - que serait la vie ?

  - Eve Zibelyne

Les écritures de la Zibelyne

<u>Déjà parus chez Books on Demand :</u>

INSOLITUDE Recueil de poèmes libres. Juillet 2011. Vous le trouverez sur décitre.fr

2112 La vengeance du cochon d'Inde Août 2012
Un roman d'actu fiction au langage truculent. Le monde a sombré dans le chaos. Les survivants se sont organisés. Des personnages savoureux. De coupables dirigeants punis. Les cochons d'Inde pullulent... Vous le trouverez sur décitre.fr

<u>À paraître :</u>

- **Le complexe du K.** Recueil de poèmes libres et engagés. Sortie prévue premier trimestre 2013

- **Monsougris et les sorcières de Saint-Georges.** Sortie prévue premier trimestre 2013 Un récit fantastique qui vous mène de Luynes à Saint-Georges sur Cher en passant par le donjon du Faucon Noir à Montbazon. Du moyen-âge au début du 20e siècle, les chats sorciers aux yeux diamant vous feront frémir...

- **Le Chausson meurtrier et autres contes.** Recueil de contes pour petits et grands. En cours d'illustration.

- **Les Culicoquineries de la Zibelyne.** Recueil de recettes culicoquinaires à déguster à deux (+ 18 ans). En cours d'illustration.

- **Beeman. La Grabugie.** En cours d'écriture. Un anti héros en dégoûtoir (à vaisselle).

- Et une autre idée de roman qui ne demande qu'à s'écrire lorsqu'un moment s'offrira...

- *Le site de l'auteure :* http://www.lesnouveauxpauvres.jimdo.com